Petra Mirth

Kleiner Kur-Ratgeber

Heiter-ironische Überlebenstipps
einer Kur-Anfängerin

Bibliografische Information der Deutschen
Nationalbibliothek: Die Deutsche
Nationalbibliothek verzeichnet diese
Publikation in der Deutschen
Nationalbibliografie; detaillierte
bibliografische Daten sind im Internet über
http://dnb.dnb.de abrufbar.

© 2016 Petra Mirth
Herstellung und Verlag:
BoD – Books on Demand, Norderstedt

ISBN 9783743101470

Inhalt

Vorwort 2

Kur 3

Therapien 7

    Moorvollbad 9

    Schlammpackung 10

    Wärmetherapie 13

    Elektrotherapie 14

    Massagen 16

    Bäder 18

    Entspannung 19

    Aktive Therapien 20

Zimmergemeinschaften 25

Schlaf 32

Essen 34

Soziableben 38

Kurschatten 43

Umgang mit Ochsen 51

Abschied 53

Die Zeit danach 55

Vorwort

Vielleicht ist es vermessen, von einem absoluten Kur-Grünschnabel Tipps und gute Ratschläge zu bekommen. Aber gerade aus diesem Blickwinkel und für ebensolche Menschen, die zum ersten Mal diesen wohlverdienten Erholungsaufenthalt antreten, ist dieses Buch gedacht. Denn die „alten Hasen" unter den Kurgästen wissen wahrscheinlich aus eigenen Erfahrungen schon, wie es in so einem kleinen Gesundheitsdorf zugeht und was einem alles widerfahren kann. Sollten Sie zu dieser Gruppe gehören, legen Sie das Buch trotzdem nicht weg – Sie werden vielleicht das eine oder andere Aha-Erlebnis drin finden und hoffentlich an manchen Stellen schmunzeln oder gar herzlich lachen können. Genau das ist meine Intention: Menschen vor, während oder nach der Kur zum Lächeln zu bringen und eine kurzweilige, nicht immer ernst zu nehmende Lektüre für zwischendurch zu bieten. Denn „zwischendurch" gibt's bei einer Kur sehr oft…

Viel Spaß beim Lesen!

Petra Mirth

Kur

Das Wort könnte vokal leicht missverstanden werden mit der mundartlich ausgesprochenen Kuh, dem weiblichen Rindvieh, also der „Kua". Solche gibt es hier vereinzelt auch – Kühe nämlich – sowohl zoologischen betrachtet auf den umliegenden Weiden, als auch im schimpfwörtlich übertragenen Sinn für dumme Kuh, dämliche Frau. Aber viel vermehrter als weibliche Rindviecher treten hier die männlichen auf: die Ochsen. Wobei der Begriff rein wissenschaftlich betrachtet ja nicht ganz korrekt ist, denn ein Ochse ist bekanntlich ein kastrierter Stier. Ich bezweifle zwar sehr, dass es unter den hier anzutreffenden Exemplaren tatsächlich entmannte gibt, aber wir nennen sie jetzt trotzdem einmal Ochsen, denn irgendetwas scheint bei ihnen zu kurz geraten zu sein... Offenbar nicht ihr Geschlechtstrieb, denn der entpuppt sich sogar als maßlos übersteigert! Nein, vielmehr mag im Oberstübchen etwas fehlen!
Aber dazu an späterer Stelle mehr...

Was sagt das Lexikon zum Begriff Kur? In Wikipedia zum Beispiel liest man folgendes:
Eine Kur (von lat. cura „Sorge", „Fürsorge", „Pflege", „Behandlung", „Heilverfahren"), umgangssprachlich häufig als Synonym für

„Rehabilitationsmaßnahme" genutzt, soll sowohl der Vorsorge als auch der Stärkung einer (geschwächten) Gesundheit oder der Unterstützung der Genesung bei Krankheiten und Leiden verschiedener Art dienen. Im Vordergrund steht dabei die Anwendung ortspezifischer Heilmittel (z.B. Quellen, Peloide, Klima, Meerwasser) im Rahmen des Aufenthaltes in einem Kurort oder einem Heilbad.

Also kurz gesagt: Eine Kur soll guttun, soll Wohlbefinden erhalten oder wieder bringen. Je nachdem, was für die Einzelnen wichtig ist, werden sie in unterschiedliche Einrichtungen bzw. Orte eingeladen, die ihrer Gesundheit am meisten förderlich sind. Sei das nun ein Luftkurort, ein Ort mit besonderem Klima oder ein Heilbad, sie alle haben eines gemeinsam: Es soll Ihnen danach besser gehen!

In meinem Kurort waren die natürlichen Heilvorkommen das Moor und der Heilschlamm, welche ich beide sehr genossen habe.

Sollten Sie zum relativ neuen, ganzheitlichen Kurheilverfahren der Pensionsversicherungsanstalt, zur sogenannten *GVA – Gesundheitsvorsorge Aktiv –* eingeladen worden sein, erwarten Sie sich besser nicht zu viel „aktiv". Sie könnten enttäuscht werden. Dieses neue Pilotprojekt soll, wie der Name schon sagt, Menschen in Bewegung bringen, um die Gesundheit möglichst lange zu erhalten. Von der Idee her ja wunderbar und sehr sinnvoll in unserer Wohlstandszeit, in der wir meist viele Stunden sitzend verbringen. Wenn Sie bisher wenig Zeit für sportliche Betätigung genutzt haben, dann wird dieses Programm wahrscheinlich auch gut für Sie passen. Sollten Sie aber ohnehin zuvor schon regelmäßige Bewegung in Ihren Tagesablauf integriert haben, dann wird Ihnen – so wie mir – auf sportlicher Ebene womöglich ein bisschen zu wenig los sein. Nützen Sie dann einfach die Freizeitangebote in therapiefreien Phasen, gehen Sie laufen oder schwimmen, betreiben Sie Nordic Walking, oder trainieren Sie zusätzlich im Fitnessstudio, sofern diese Möglichkeiten vorhanden sind.

Die zweite Säule der Gesundheit, die bei der aktiven Gesundheitsvorsorge überdacht werden soll, ist die Ernährung. Dazu gibt es, wie zum Thema Bewegung, sehr gute Workshops, die die notwendigen Fakten vermitteln und in denen alle Teilnehmenden erfahren, wie es richtig ginge. Leider hapert es bei vielen an der Ausführung, sobald sie am Buffet stehen und von Köstlichkeiten und Kalorienbomben gelockt und betört werden wie einst Odysseus und seine Kumpanen von den Gesängen der Sirenen...

Die dritte Säule, die stabil gehalten werden will oder gestützt werden soll, wenn sie ins

Wanken geraten ist: Die seelische Gesundheit. Auch dazu erfahren Sie viel Wissenswertes und bekommen nützliche Anregungen, wie Sie eventuell aus einem ungesunden Hamsterrad ausbrechen und wieder mehr für sich selbst und Ihre Bedürfnisse tun können. Sie hören danach vielleicht plötzlich wieder mehr in sich hinein, spüren die Signale, die Ihnen Ihr Körper etwa schon längst gegeben hat, erfahren neues Selbstbewusstsein und laufen endlich wieder „rund" – auch ohne besagtes Rad des kleinen Nagetiers. Wer weiß? Lassen Sie sich einfach darauf ein, schauen Sie, was passiert ☺

Therapien

Im Mittelpunkt des Kuraufenthalts stehen zweifelsohne die Therapien. Je nachdem, was Ihr Körper braucht oder Ihr Arzt/Ihre Ärztin Ihnen verordnet hat (das ist nicht immer das gleiche), werden Sie unterschiedliche Heilanwendungen in Ihrem Therapieplan finden. Probieren Sie die Dinge aus, schauen Sie selbst, was Ihnen wirklich gut tut und wogegen sich Ihr Körper vielleicht regelrecht sträubt! Und geben Sie dazu Rückmeldung! Denn Sie werden dadurch die „guten Sachen" vermehrt verschrieben bekommen und die „schlechten", also Anwendungen, die kein Wohlgefühl bei Ihnen hervorrufen, werden vielleicht ganz weggelassen. Im Laufe der Kur bin ich wieder sensibler geworden, auf die Signale meines Körpers zu achten, auf ihn zu hören. Und ich habe gelernt, darauf zu reagieren, nur das zuzulassen, was angenehm ist und das zu vermeiden, was Stress, Unwohlsein oder gar Schmerzen verursacht. Sie selbst können das besser beurteilen als eine zwar medizinisch ausgebildete, aber doch fremde Person, die sich innerhalb einer 10-minütigen Untersuchung ein Bild von Ihnen und Ihren Bedürfnissen machen soll. Deshalb mein Rat an alle Kurneulinge:

SAGEN SIE, WAS SIE WOLLEN ODER NICHT WOLLEN!

Mir wurde zum Beispiel von einer Therapeutin das Moorbad „schmackhaft" gemacht. Schmackhaft ist zwar hier ein etwas unpassender Ausdruck, denn jeder, der schon einmal in so einer Wanne mit Schlammwasser gelegen ist, weiß, dass es eher ein unappetitlicher Anblick ist. Aber Sie verstehen, was ich meine, ich bekam „Gusto" auf das braune Wohlfühlbad. Also nichts wie hin zu meiner zugeteilten Ärztin! Als ich dort meinen Wunsch vortrug, wurde ich gleich mal barsch von meiner Traumwolke heruntergeholt. „Sie haben andere Bäder verordnet bekommen und das Moorbad wird Ihnen nicht gefallen, das ist Ihnen viel zu heiß!" Aha, es ist mir viel zu heiß? Hellseherin?

Und hier gleich mein nächster Rat:

BLEIBEN SIE STANDHAFT, WENN SIE ETWAS WIRKLICH WOLLEN!

„Na darf ich es wenigstens probieren? Die Balneotherapeutin hat gemeint, es sei auch bei 37°C möglich und soll sehr angenehm für die Gelenke sein." (Dafür bin ich in erster Linie hier.)

„Diese Argumente kann sie nicht widerlegen", dachte ich und sah mich schon siegessicher im braunen, wohlig warmen Schlammbad liegen.

Aber: „Eine Therapeutin ist keine Ärztin und ich sage Ihnen, es wird Ihnen nicht gut tun."
„Aber ich möchte es b i t t e probieren!"
(Manchmal hilft nur betteln!)
Und siehe da: „Dann verordne ich es eben, wenn Sie unbedingt wollen, aber Sie werden schon sehen, es wird Ihnen zu heiß sein!"
Na bitte, geht doch! Ich betete zu Gott, dass es mir wirklich gefallen würde, denn es wäre mir schwer gefallen, reumütig zu Frau Doktor zurückzukehren und zuzugeben, dass Sie Recht hatte. Aber das ist Gott sei Dank nicht passiert, ich hatte den herrlichsten Badegenuss seit langem!
Im Folgenden möchte ich Ihnen einige Therapien und die Erfahrungen, die ich damit gemacht habe, ein wenig näher beschreiben. Beginnen wir gleich mit dem besagten Moorbad!

Moorvollbad
Die Kuranstalt in Althofen in Kärnten bietet ein natürliches Vorkommen an Heilmoor und -schlamm. Die nachgewiesenen Heilwerte eignen sich besonders für die Therapie chronisch entzündlicher Krankheiten und degenerativer Erkrankungen des Stütz- und Bewegungsapparats, wie z. B. Arthrosen oder Wirbelsäulensyndromen. Die empfohlene Temperatur beträgt zwar laut Therapie-Info-Broschüre

42° - 45°C; aber, wenn man, so wie ich, nicht gedünstet werden will, darf man sich auch bei 37°C dem Badegenuss hingeben. Der erste Schritt in die Wanne ist vielleicht ein wenig gewöhnungsbedürftig, denn das Wasser sieht aus, als hätte man darin schon einige Schlamm-Catcher gereinigt... Es ist dunkelbraun. Wenn man dann drin sitzt und mit den Händen den Boden abtastet, kommen Sachen zum Vorschein, die mich als leidenschaftliche Gärtnerin sofort an Rindenmulch erinnert haben. Es scheint, als liege man in einem Gemisch aus Waldboden, Schlamm und Dreck. Aber glauben Sie mir, die Wirkung ist herrlich! Ein wunderbar wärmendes, entspannendes Bad, nach dem Sie unbedingt die empfohlene Nachruhe von 20 Minuten einhalten sollten!

Schlammpackung
Um gleich bei den „schmutzigen" Anwendungen zu bleiben, der Heilschlamm ist nicht minder angenehm als das Moorbad, nur eine noch dreckigere Angelegenheit! Der graubraune heiße „Gatsch" wird auf die betroffenen Körperstellen aufgetragen, dann wird man in Plastikfolie gewickelt, damit das ganze gut einwirken kann und dann heißt's: Wärme und Ruhe genießen! Der Genuss ist jedoch nur dann garantiert, wenn die Therapeutinnen ihre Pausenkoje nicht gerade unmittelbar neben

Ihrem Schlammbett bezogen haben und die ganze Zeit über dies und das schnattern... Zusätzlich zu den Mineralstoffen, die auch im Moorwasser enthalten sind, beinhaltet die Heilerde noch Algen, die der Haut sehr schmeicheln. Unterstützend wirkt diese Therapieform nach Krankheit, Unfall oder Operationen. Sie reguliert die Funktionen von Herz, Kreislauf, Stoffwechsel, Hormonen und des Nervensystems. Eine rundum angenehme Behandlung für Körper und Seele!

Sollte diese Packung einmal direkt vor der Mittagspause für Sie eingeplant sein, könnte Ihnen womöglich aber Ähnliches passieren, wie mir: Normalerweise sind für Behandlung inklusive Nachruhe dreißig Minuten kalkuliert, deshalb hat es mich schon ein wenig gewundert, dass ich für 11h35 bestellt war. Die therapiefreie Zeit beginnt nämlich für gewöhnlich um 12 Uhr – es könnte also knapp werden. Nichtsdestotrotz entledigte ich mich voll Vorfreude in der Kabine meiner Kleidung und wurde von einer Dame mit weißblondem Haar und unnatürlich roter Gesichtsfarbe empfangen. Sie platzierte mich auf dem Wasserbett, das schon mit Klarsichtfolie ausgekleidet war, schmierte mir flink den Schlamm auf Rücken und Hände, wickelte mich rasch ein und verschwand wieder. So lag ich da und genoss die weiche Wärme. Und ich nickte wohl kurz ein. Plötzlich schrak ich auf und sah nur den roten Kopf über meinem. Meine Therapeutin kontrollierte die Zeituhr, die nach 15 Minuten eigentlich von selbst das Ende der Wohltat verkünden sollte. Ziemlich ungeduldig trippelte sie wieder davon, ich entspannte noch ein paar Sekunden, bevor der „Rotkopf" wieder über mir erschien. Sie schaltete die Uhr manuell ab, ich weiß nicht, ob die Zeit wirklich um war oder ob sie die Angelegenheit einfach ein wenig beschleunigen wollte. Ihr erster Befehl lautete nun: „Aufstehen!" und so erhob ich mich langsam von meinem schaukelnden Bett, um gleich dem folgenden Befehl: „Dusche!" zu gehorchen. „Zur Wond drahn!", instruierte sie mich weiter in astreinem Kärntner Dialekt. „Hebn's den Kopf auffe, sunst spritz I Ihnan den gonzn Dreck ins Gsicht!" Ich hob brav das Köpfchen und ließ zehn Sekunden Rückendusche über mich ergehen. „Umdrahn, den Rest kennan's söba!" Nachdem ich weitere zehn Sekunden selbst den Schlamm von meiner Vorderseite entfernte, wollte sie mich schon aus der Dusche draußen haben: „Jetz samma oba sauber!" „Nein, bin ich noch nicht!" erwiderte ich, da mir der Dreck noch an den Beinen hinunterrann. Ok, sie gönnte mir noch weitere fünf Sekunden, „jetz oba!" und ich wagte nicht mehr zu widersprechen, sondern gehorchte ihrer letzten Order für den

Vormittag: „Hinlegen!" Ich nahm Platz auf der Ruheliege, sie warf mir mit Schwung Leintuch und Decke über, wünschte mir „Mohlzeit!" und weg war sie.

Das Gute an der Mittagszeit? Die totale Ruhe, die Sie zum nachträglichen Rasten haben. Alle sind beim Essen, niemand schnattert, nichts scheppert, absolut ruhig, herrlich!

Wärmetherapie

Um bei den warmen Anwendungen zu bleiben, stelle ich Ihnen hier die „saubere" Lösung für Verspannungen vor, die ich im wahrsten Sinn des Wortes wirklich nur „wärmstens" empfehlen kann, auch wenn sie von den meisten hier abfällig „Katzenkisterl" genannt wird. Dieser Kosename kommt natürlich nicht ganz von ungefähr, denn man liegt während der zwanzig Minuten in einer Art Holzkiste, die mit feinem Kies oder Quarzsand gefüllt ist. Dieser wird auf Körpertemperatur erwärmt und sorgt unter Zusatz von farbigem Licht und leiser Musik für angenehme Entspannung. Mein Tipp für diese Therapie:

GRABEN SIE SICH DIE FÜR IHRE KÖRPERFORM PASSENDEN MULDEN, DAMIT SIE MÖGLICHST GUTEN KONTAKT MIT DER UNTERLAGE HABEN! DER WOHLTUENDE EFFEKT WIRD DADURCH NOCH GESTEIGERT.

Durch das Graben wird die Katzenkiste ihrem Namen tatsächlich gerecht...

Aus eigener Erfahrung vielleicht hier noch einen zweiten Rat, für den ich beim ersten Mal dankbar gewesen wäre:

DA SIE BEI DIESER THERAPIE IN EINER KOJE, NUR DURCH VORHÄNGE GETRENNT VON ANDEREN KURGÄSTEN LIEGEN, KANN ES NÜTZLICH SEIN, EIGENE KOPFHÖRER UND INDIVIDUELLE ENTSPANNUNGSMUSIK MIT DABEI ZU HABEN!

Ich lag nämlich unmittelbar hinter einem „Walross". Zumindest gab der Herr ähnliche Laute von sich und produzierte dabei auch noch jede Menge Schleim, den...

Nein, Sie wollen das gar nicht genauer wissen, sorgen Sie einfach vor und nehmen Sie Kopfhörer mit ;-)

Elektrotherapie
Bei dieser Therapieform gibt es ganz viele unterschiedliche Einzelbehandlungen. Alle gemeinsam hatten sie meinem subjektiven Empfinden nach einen sehr entspannenden Effekt und sorgten für Durchblutungssteigerung und Schmerzlinderung. Beim *Mittelfrequenzstrom* (MF) bekommen Sie Saugnäpfe auf die betroffenen Körperstellen gesetzt, über die elektrische Impulse an die

Muskeln weitergegeben werden. Ein sanftes Ameisenkribbeln wird spürbar. Aber Achtung: SOLLTE DER ANGESPROCHENE MUSKEL UNANGENEHM ZUCKEN, MELDEN SIE SICH GLEICH UND LASSEN SIE DIE STÄRKE ZURÜCKDREHEN! Ich dachte beim ersten Mal „das gehört so" und spürte das Zittern Stunden danach noch immer...

Ein Verfahren mit Gleichstrom ist die sogenannte *Iontophorese*, bei der schmerzende Körperstellen mit Hilfe eines angefeuchteten Schwamms unter Strom gesetzt werden. Erinnerungen an den Film The Green Mile[1] wurden sofort bei mir wach, als die Therapeutin feuchte Schwämmchen um meine Hände wickelte, von denen die Kabel zum Stromerzeuger führen... „Bitte keine tödliche Dosis", ersuchte ich mit einem Schmunzeln, denn die Ähnlichkeit mit den Vorrichtungen auf einem elektrischen Stuhl ist frappant.

Bei der *Impulsgalvanisation* wird Wechselstrom dosiert eingesetzt, um Schmerzen zu lindern und Muskelpartien zu entspannen.

---

[1] *The Green Mile* ist eine für vier Oscars nominierte Literaturverfilmung des gleichnamigen Romans von Stephen King mit Tom Hanks und Michael Clarke Duncan in den Hauptrollen. Ort der Handlung ist der Todestrakt im Staatsgefängnis Cold Mountain. Quelle: wikipedia

Im Gegensatz zu den genannten Therapien mit unterschiedlichen Stromfrequenzen, die ich alle als leichtes Kribbeln oder Pulsieren wahrgenommen habe, spürt man bei der *Phonophorese*, einem Verfahren mit Ultraschall, gar nichts. Der Therapeut oder die Therapeutin führt ein Handgerät über die betroffenen Muskelpartien. Dieses erzeugt im Gewebe Druckwellen, die ihrerseits Vibrationen verursachen, die wie „Mikromassagen" auf Weichteilgewebe wirken und dabei Gewebehormone freisetzen, die den Stoffwechsel und den Muskelzustand positiv beeinflussen. Zusätzlich wird eine schmerzlindernde Salbe als Gleitmittel verwendet. Sollten Sie diese nicht brauchen oder wollen, sagen Sie's ruhig, denn es gibt auch medikamentenfreie „Rutschhilfen".

Massagen
Über *Klassische Massagen* oder *Heilmassagen* werde ich Ihnen wohl nichts Neues erzählen... Außer vielleicht, dass sie neuerdings beim Kuraufenthalt zeitlich sehr beschränkt sind. Auch diese allseits beliebte Entspannungsmethode fiel dem roten Sparstift zum Opfer. Genießen Sie also jede einzelne Ihrer drei mal zwölf Minuten!

Ja, sie haben richtig gelesen, 36 Minuten Netto-Massage-Zeit in 3 Wochen! Mehr gibt's nicht. Deshalb wird dieses Kapitel aufgrund mangelnder Erfahrungswerte das kürzeste des Buches bleiben.

Aber gottlob gibt es hier zusätzlich noch den sogenannten *Hydrojet*, für mich ein absolutes Wunderding, das wirklich glücklich macht ☺ Nur Fliegen ist schöner! Man liegt – leider auch nur 12 Minuten – auf einem beheizten Wasserbett und wird von Kopf bis Fuß von kreisenden Wasserstrahlen entspannend massiert. Die Durchblutung wird gefördert, Muskeln werden gelockert, Verspannungen werden gelöst und der Stoffwechsel wird aktiviert. Ich habe mich danach jedes Mal so wohl gefühlt, dass ich mit einem breiten Grinsen im Gesicht die Gänge zurück in mein Zimmer förmlich geschwebt bin und jeder, der mir unterwegs begegnet ist, hat sich wohl gedacht: „Die war gerade am Hydrojet." Außer diejenigen vielleicht, die mit dem Wunderding noch nicht Bekanntschaft geschlossen haben… Die dachten wahrscheinlich „Warum grinst die so dämlich?". Wie auch immer, bei mir war's Liebe auf den ersten Blick und sollte ich einmal reich sein, kauf ich mir einen für Zuhause!

Bäder
Außer dem schmutzigen Moorbad gibt es verschiedene Bäder auch in der sauberen Variante. Mir wurde zum Beispiel zu Beginn das *Kohlensäurebad* verordnet, welches den Stoffwechsel dämpft und Herzfrequenz bzw. Blutdruck senkt. Ich kämpfe jedoch Zeit meines Lebens mit zu niedrigem Blutdruck, was wohl auch der Grund war, dass mir dieses Bad keine Wonne in der Wanne brachte. Und doch war dieses CO_2-Bad wichtig für mich, denn genau hier traf ich auf zuvor besagte Therapeutin, die mir das Moorbad wärmstens empfahl. Ohne sie wäre ich nämlich hier nicht in den Genuss dieser wohltuenden Anwendung gekommen.

Auf *Medizinalbäder* mit verschiedenen Duftzusätzen habe ich freiwillig verzichtet, denn die mache ich mir in der häuslichen Badewanne von Zeit zu Zeit selbst.

Das entgiftende *Basenbad* habe ich leider erst drei Tage vor meiner Heimreise im Prospekt entdeckt. Da ich mich während der Kur sehr gesund ernährt habe und viel Sport zu meinem persönlichen Tagesplan gehörte, wäre dieses Bad sicher ein perfektes i-Tüpfelchen für mich gewesen. Aber die Mühlen der Bürokratie mahlen auch in einer Kuranstalt langsam. Bis ich die Anordnung dazu von meiner Ärztin und die nachfolgende Einteilung in den Therapieplan erreicht hätte, wäre ich wohl schon zuhause gewesen. Basenbäder in ihrer Urform wurden schon im alten Rom angewandt. Die Römer benutzten die Rückstände bei der Eisengewinnung zum Waschen, weil sie erkannten, dass die Asche wunderbar die Haut reinigt. Heute sorgen basische Salze dafür, dass überschüssige Säuren und Schadstoffe über die Haut aus dem Körper ausgeleitet werden. Klingt gut, oder?

Wenn Sie auf Ihrer Kur also „Schlacken" loswerden möchten, informieren Sie sich früh genug, ob diese Badeform angeboten wird!

Entspannung
Das eindeutig passivste Angebot, das wir genießen durften, waren die beiden Einheiten *Progressive Muskelrelaxation nach Jacobson* und *Phantasiereise*. Bei der ersten Form werden anfangs verschiedene Muskelpartien bewusst angespannt und nach kurzer Zeit wieder losgelassen, um danach die Entspannung noch wesentlich intensiver zu spüren, als dies ohne vorherige Anspannung möglich gewesen wäre.
Die Phantasiereise hat uns durch Vorlesen unseres Therapeuten in wunderschöne

Gegenden entführt und für 30 Minuten zu völligem Abschalten und Loslassen verholfen.

Aktive Therapien
Herzstück der therapeutischen Aktivitäten ist das *Kardiotraining* am Ergometer. Ich hatte insgesamt nur drei radfreie Tage während meines Aufenthalts. Um Ihre persönliche Leistungsfähigkeit und Belastbarkeit zu bestimmen, werden Sie zu Beginn einem Leistungstest unterzogen, der über Monitor mittels Blutdruckmessung und EKG überwacht wird. Die daraus analysierten Werte sind in den folgenden Wochen Ihre Trainingsparameter. Sie werden über Ihre individuellen Herzfrequenzwerte und Ihren optimalen Belastungsbereich informiert, welcher eigentlich täglich per Chip ausgewertet und bei Bedarf angepasst werden sollte. Bei mir ist das trotz mehrmaliger „Reklamation" leider nicht passiert. Daher habe ich mein Training nach der zweiten eher unbefriedigenden Ergometer-Einheit selbst gesteuert, weil die errechneten Leistungswerte irgendwie nicht für mich gepasst haben. Das Stand-Rad boykottierte mich nämlich geradezu, indem es mir permanent höhere Leistung abverlangte, weil mein Puls den unteren, zuvor errechneten Grenzwert nicht erreichte. Ich konnte die Pedale kaum noch in Umdrehung bringen. Die

Folge davon war, dass mein Puls erst recht nicht weiter stieg, da ich mich ja fast nicht bewegte. Das wiederum bewirkte, dass mich das Rad mit noch mehr Watt herausforderte. Tja, mit kurzen Worten: Wir verstanden uns einfach nicht! Unbefriedigend waren die Trainings für mich aber nicht nur wegen der Disharmonie zwischen der Trainingsmaschine und mir, sondern auch wegen der zu kurzen Dauer.

Im Workshop „Ausdauertraining" wurde uns eingebläut, dass eine sinnvolle Einheit mindestens 45 Minuten dauern sollte, am Ergometer durften wir aber nur 20 Minuten radeln. Und das wurde sehr genau genommen! Ich habe bei meinem ersten Termin zu Beginn der Kur, als ich noch revolutionär eingestellt war, gedacht, ich könnte mir ein paar Minuten Bewegung dazu schummeln. Aber da habe ich die Rechnung ohne meine Aufseherin, eine grantige Physiotherapeutin, gemacht. Als die fünfundzwanzigste Minute gerade anbrach, stürmte sie herbei, riss meinen Speicherchip aus dem Rad und fauchte mich böse an, dass das so nicht gehe! Was ich mir eigentlich einbilde, das Training eigenmächtig zu überziehen! Die Krankenkasse zahle nur 20 Minuten und außerdem brauche sie das Rad für die nächsten Gäste! (Neben mir waren alle Geräte leer.)

Ich versuchte es sogar wieder mit Betteln, aber nix da, Vorschrift bleibt Vorschrift!
So viel zum Namen des Programms: Gesundheitsvorsorge a k t i v.
Nach der ersten Woche hat sich mein aufständisches Gemüt beruhigt und ich habe nach den 20 Rad-Minuten einfach immer eine Laufeinheit durch den Wald angeschlossen, um auf die empfohlene Dreiviertelstunde zu kommen.

Verschiedenste Übungen zur Stabilisation, Koordination und Kräftigung lernen Sie beim *Krafttraining* zur Stärkung der Muskulatur kennen. Diese Einheiten habe ich persönlich als sehr inspirierend empfunden, denn man kann mit einfachen und kostengünstigen Utensilien wie Theraband®, kleinen Hanteln oder Bällen sehr effiziente Übungen durchführen, für deren Ausübung es auch zuhause am Wohnzimmerboden keine Ausrede mehr gibt!

Auch die Therapie-Einheiten für *Heilgymnastik* taugen bestens als Anregung für den Hausgebrauch. Bezwingen Sie dazu nur Ihren inneren Schweinehund!

Nordic Walking boomt seit vielen Jahren als sanfter Ausdauersport, der zusätzlich Kraft und Koordination verbessert und ca. 90% der Muskulatur des Körpers beansprucht. Die Knochen werden gestärkt und somit das

Osteoporose-Risiko gesenkt. Außerdem wirkt es durch die schonende Belastung positiv auf die Gelenke, stärkt das Immunsystem, Herz und Kreislauf, der Blutdruck wird gesenkt und die Blutfettwerte verbessern sich. Nordic Walking ist für jedes Alter geeignet und kann das ganze Jahr über in jedem Gelände und, mit richtiger Bekleidung, bei jedem Wetter betrieben werden. Es gibt also wirklich kaum eine Ausrede, dieses rundum gesunde Ausdauertraining nicht auszuüben ;-)

Meine Kinder haben mich anfangs ein wenig belächelt, als ich das erste Mal mit Stöcken bewaffnet in den Wald ging. „Mama, das ist was für Pensionisten", meinten sie, ganz gemäß dem Mythos unserer Gesellschaft, nach dem Walker mit dem Adjektiv „alt" versehen wurden. Aber dieses Attribut hat der Breitensport mittlerweile abgelegt und man sieht auch viele jüngere Sportler mit Stöcken. Oder vielleicht sehen sie aufgrund des moderaten Trainings nur jünger aus? ☺

Ein ähnlicher Stempel wie am Nordic Walking klebt auf der *Unterwassergymnastik*. Ich selbst hatte bei dem Begriff sofort ein Bild von alten, gebrechlichen oder stark bewegungseingeschränkten Menschen vor mir, die ein wenig im Wasser herumplantschen. Bis ich es selbst ausprobiert habe… Aufgrund des Wasserwiderstands und des Auftriebs werden einerseits Muskeln aufgebaut und andererseits werden Gleichgewicht und Koordination geschult.

Mit zusätzlichen Trainingsgeräten wie Hanteln, Bällen oder Schwimmnudeln werden die Übungen variiert und der Schwierigkeitsgrad erhöht. Es wird für ein gelenkschonendes Training gesorgt, das je nach Ausführung der Übungen durchaus anstrengend sein kann – also alt, gebrechlich und bewegungsunfähig, Adieu!

Zimmergemeinschaften

Einzel- oder Doppelzimmer? Das ist die Frage, die für mehr oder weniger Wohlbefinden während Ihrer Kur entscheidend sein kann. Denn sollten Sie in einem Zweibettzimmer untergebracht sein, können Sie sich natürlich Ihre Mitbewohnerin bzw. Ihren Mitbewohner nicht aussuchen – außer natürlich, Sie reisen mit dem eigenen Partner an. Ansonsten entscheidet König Zufall, das Schicksal oder einfach Glück, wie immer Sie das sehen möchten.

Da ich mich nicht auf die glückliche Fügung verlassen wollte, ging ich auf Nummer sicher und bewarb mich von Anfang an für ein Einzelzimmer. Ich bin zwar eine offene, kontaktfreudige Person, die gerne in Gesellschaft ist, aber eben nicht rund um die Uhr und vor allem am liebsten mit den Menschen, die ich mir selbst aussuche, die mir sympathisch sind. Und wie gesagt, die Kur ist nicht immer ein Wunschkonzert!

Da ich also diese Doppelzimmer-Erfahrung nicht selbst machen musste, gebe ich an dieser Stelle nur Berichte aus zweiter Hand weiter, also von Kolleginnen und Kollegen, die – in manchmal nicht so trauter Zweisamkeit – mit ihren „Kur-Abschnitts-Partnern", kurz KAP, drei Wochen ausharren mussten.

Falls Sie zu den glücklichen Einzelzimmerbewohnern gehören, lesen Sie die folgenden Zeilen mit dem freudigen Bewusstsein, was Ihnen erspart geblieben ist.

Sollten Sie zu einer Zweier-Konstellation gehören, mit der es das Schicksal gut gemeint hat, wird dieser Abschnitt für Sie ebenso mit Genuss zu lesen sein.

Wenn Sie aber wirklich zu den „vom Glück Verlassenen" gehören, die das vermeintlich übelste Los von allen gezogen haben, so lassen Sie sich durch die Erlebnisse anderer Leidensgenossen ein wenig trösten und vielleicht kommen Sie gar zu dem Schluss, dass Sie es doch nicht so schlecht getroffen haben oder dass es noch ärger hätte kommen können.

Störfaktor Nummer 1 ist laut Erzählungen das Schnarchen!

Klar, welcher normale Mensch schnarcht nicht? Manche behaupten dies zwar von sich, aber nur weil sie sich selbst nicht im Schlaf hören oder es ihnen vielleicht mangels Bettpartner noch niemals gesagt wurde. Spätestens auf der Kur wissen es diese angeblichen Nicht-Schnarcher auch und sind dann ganz erbost über diese „Verleumdung". Selbst eine nächtliche Ton-Aufnahme der zuweilen ganz schön lauten Untermalung hilft als Beweismittel nicht, denn es wird von den

Beschuldigten als solches meist kaum akzeptiert. Oder sie behaupten gar, das Schnarchen hätte der Ankläger selbst erzeugt, um es ihm, dem Beschuldigten unterzujubeln. Ja, es gibt hartnäckige Fälle! Aber auch bei denen, die ohnehin wissen und zugeben, dass sie nächtens in einem Sägewerk arbeiten, hilft meist nichts gegen die schlafraubenden Geräusche.

Deshalb sorgen Sie unbedingt vor und nehmen Sie sich eine Packung Ohropax® aus der Apotheke mit zur Kur!

Diese schützen Sie auch vor frühmorgendlichem Treiben am Gang durch diverses Reinigungspersonal oder extreme Frühaufsteher unter den Gästen. Vielleicht ist sogar Ihr schnarchender Zimmerkumpan morgens zackig auf den Beinen und Sie haben somit gar eine Doppelbelastung? Klar, er kann zu früher Stunde munter herumspazieren, er hatte ja genug Schlaf, während Sie sich wegen der wachhaltenden Dezibel im Bett hin und her wälzten.

Auf Platz 2 der Störfaktoren stehen unterschiedliche Biorhythmen.

Kommt eine Eule mit einer Amsel zusammen, also trifft ein Nachtvogel auf einen Morgenmenschen, sind Probleme vorprogrammiert. Der nächtlich Aktive will vielleicht am liebsten bis weit nach Mitternacht fernsehen, während der gegensätzliche Typ um diese Zeit längst schläft, um frühmorgens als Erster beim Frühstück zu sitzen oder gar schon eine Sporteinheit hinter sich zu bringen. Was also tun, wenn zwei so konträre Typen aufeinander treffen? Da aufgrund der Entfernung zwischen Fernsehapparat und Bett der Gebrauch von Kopfhörern meist nicht möglich ist, helfen auch hier dem Geplagten wieder die berühmten Ohrstöpsel.

ZUSÄTZLICH HAT SICH AUCH EINE SCHLAFMASKE BEWÄHRT, DA BEI DIESER FORM VON STÖRUNG AUCH NOCH DIE UNGEWÜNSCHTE HELLIGKEIT DAZU KOMMT.

Den 3. Platz auf dem Podest der Störfaktoren nehmen unterschiedliche Charaktere ein.
Klar, wir sind alle Individuen und jeder auf seine Art ein bisschen eigen. Wenn hier die Gegensätze allerdings zu stark sind, dann zieht sich – entgegen dem landläufigen Sprichwort – nichts mehr an. Dann gibt's Abstoßung und die kann sich mitunter derart steigern, dass man die andere Person nicht mehr sehen, hören oder riechen will. Gegen einen gänzlich unsympathischen Menschen helfen leider die bisher recht brauchbaren Ohrverschließer nicht. Sie würden ihn damit zwar nicht mehr hören, aber sympathischer würde er Ihnen

dadurch auch nicht werden. Der Grantler wird damit nicht zum Charmeur, der Humorlose wird keine „Lachwurzn", der Trauerkloß wird kein Optimist und der laute Prahlhans kein ruhiger Geselle. Was also tun bei absoluter Disharmonie? Meist geben in dieser Situation die „Gscheiteren" nach, gehen dem anderen so gut wie möglich aus dem Weg und suchen sich Kontakte ihresgleichen, mit denen sie die Freizeit verbringen. Dort können sie sich auch ausweinen und schimpfen, das erleichtert ungemein und bringt vielleicht sogar den einen oder anderen nützlichen Lösungsansatz.

Sie haben Ihren Störenfried in der bisherigen Aufzählung noch nicht gefunden?

Vielleicht ist es der extrem unordentliche Zimmergenosse, der auf Platz 4 rangiert?

Dieser Typ verteilt seine schmutzigen Socken und Unterhosen am Boden, lässt Ihnen im Bad keinen Platz auf der Ablage, weil er nichts mehr wegräumt, verteilt Kleidungsstücke auf allen verfügbaren Sitzmöbeln, hinterlässt „Haarschmuck" in der Duschtasse und Zahnpasta im Waschbecken. Das ist Ihrer? Mein herzliches Beileid! Akzeptieren Sie, dass Sie diese Spezies nicht in drei Wochen zum Ordnungsfanatiker umziehen werden; auch dann nicht, wenn Sie es ihm selbst vielleicht jeden Tag vormachen, indem Sie Ihre eigenen Sachen immer fein säuberlich aufräumen. Aber:

BESTEHEN SIE VON ANFANG AN AUF IHREN GANZ PERSÖNLICHEN BEREICH, DER FREI VON FREMDEN DINGEN BLEIBEN MUSS!

Andernfalls werden Sie sonst bald keinen Sessel mehr zum Sitzen haben…

Ein nicht ganz so häufig auftretender Mitbewohner, genauer gesagt: eine Mitbewohner<u>in</u>, ist die Frau mit der „weißen Leber". **Sie hat es auf den 5. Rang geschafft.** Die „weiße Leber" ist keine Krankheit, sondern umgangssprachlich der Ausdruck für den ausufernden Trieb mancher Damen, Männer wie Trophäen für ihre sexuelle Begierde zu sammeln. Ja, vielleicht schlägt hier noch das Rollenverhalten der Steinzeitmenschen latent durch, als Männer noch Jäger waren und die Frauen Sammlerinnen. Jäger gibt es natürlich in Kuranstalten auch, aber diese stören selten die Wohngemeinschaft, weil sie eher in Einzelzimmern vorkommen. Die weiblichen Exemplare mit ihrer ausgeprägten Sammelleidenschaft jedoch sind selten gern allein und wählen für ihren Aufenthalt daher eher die Doppelunterkunft. Sie werden sich an dieser Stelle vielleicht fragen: „Was ist denn so störend an einer Zimmergenossin, die reihenweise Männer abschleppt?" Ja, solange sie ihre Opfer an einem ungestörten Ort verführt, ist alles im grünen Bereich. Manch hartgesottene

Amazone allerdings schreckt nicht davor zurück, ihre Eroberungen mit ins zweigeteilte Kämmerlein zu bringen. Tja, und das kann einen dann schon stören... Ich rate Ihnen in diesem Fall:

SPRECHEN SIE KLARTEXT MIT IHRER MÄNNERMORDENDEN KOLLEGIN UND KOMMUNIZIEREN SIE EINDEUTIG, DASS SIE DIESEM LUSTIGEN TREIBEN NICHT BEIWOHNEN MÖCHTEN!

Diese Liste an Störfaktoren ist sicher noch lange nicht vollständig, ich habe hier nur die fünf meistgenannten angeführt. Es gibt bestimmt noch andere Gründe, mit dem Mitbewohner zu verzweifeln. Wie bei einer Ehe ist auch hier manchmal eine Trennung sinnvoller, als krampfhaft am Zusammenhalt zu arbeiten.

Deshalb: WENN SIE ES SO SCHLECHT GETROFFEN HABEN, DASS IHR KURERFOLG GEFÄHRDET SCHEINT, SCHEUEN SIE NICHT DAVOR ZURÜCK, UM EINE ÜBERSIEDLUNG ANZUSUCHEN!

Schlaf

Schlafen Sie gerne lang? Auch wenn Sie ein Einzelzimmer bewohnen, vergessen Sie's für drei Wochen! Entweder Sie wachen vom emsigen Treiben der „Reinigungsbienen" auf oder Sie haben schon früh eine therapeutische Verpflichtung, die Sie aus dem Bett zwingt. Therapiebeginn ist nämlich schon ab 7:00 Uhr, Frühstück ebenso. Sie fragen sich, wie sich das ausgeht? Meist schwierig. Ich war schon froh, wenn ich die erste Anwendung erst um halb Acht hatte, denn dann ging sich zumindest vorher ein ganz kleiner Snack, un Petit Dejeuner[2], aus.

Schlafen ist generell ein schwieriges Kapitel… Ich hatte, wie schon zuvor erwähnt, das Privileg eines Einzelzimmers, also blieb ich von Schnarchen, nächtlichem Schlafwandeln, hell erleuchteter Umgebung oder Fernsehuntermalung bis in späte Stunden verschont. Diese Liste von möglichen Störfaktoren kann, wie wir bereits wissen, individuell noch erweitert werden, wenn man sich das Schlafgemach für drei Wochen mit einer wildfremden, im schlimmsten Fall gar unsympathischen Person, teilen muss.

---

[2] Französisch: Frühstück, wörtlich übersetzt eigentlich „kleines Mittagessen"

Aber auch ohne diese „fremdverschuldeten" kleinen Übel bleibt den meisten Kurgästen zumindest während der ersten Woche der durchgehende, erholsame Schlaf verwehrt. Fremde Umgebung, neue Leute, ungewohntes Bett – zu hart, zu weich, zu schmal – sorgen für Unruhe. Auch wenn man es anfangs nicht glaubt, man gewöhnt sich bald an den ungewohnten Rhythmus oder eigentlich ans genaue Gegenteil – an die Unregelmäßigkeit, denn genau festgelegt sind täglich nur die Essenszeiten. Aber therapiebedingt hat man auch dazu mal mehr, mal weniger bis gar keine Zeit.

Die Ruhezeiten sind ebenso eine Gesetzmäßigkeit: Um 22:00 Uhr ist Schluss mit lustig! Zumindest darf der Spaß dann nur mehr leise geschehen. Meist ist man aber froh, um diese Zeit ins Bett zu kommen, außer man gehört zu den ausgesprochenen Nachtvögeln. Die Therapien fordern den Körper nämlich schon, auch wenn es sich erst gar nicht so anfühlt.

Essen

Ähnlich dem Zufall, der bei der dreiwöchigen Wohngemeinschaft für einen Glückstreffer oder für 21 Tage Krampf sorgen kann, ist es reine Glückssache, in einer netten Tischgesellschaft zu speisen. Ich habe eine sehr lustige Speisekompanie kennengelernt – nur saß die spaßige Runde bedauerlicherweise in einem anderen Saal ;-) Also pilgerte ich nach der Nahrungsaufnahme meist ein Haus weiter, um den kleinen Nachtrunk im mir gesellingen Kreis einzunehmen. Meine eigene Tafelrunde war nämlich leider ein wenig schmähfad[3] und für anschließendes Nachsitzen nicht geeignet. Aber Zuteilung ist Zuteilung und da kommt man nicht aus sondern muss sich eben selbst zu helfen wissen.

Die Mahl-Zeiten gehören wie schon gesagt zu den wenigen fixen Terminen, für die man, je nach Therapieeinteilung, mal mehr, mal weniger Zeit hat. Das Frühstück verläuft, ausgenommen am therapiefreien Sonntag, meist hektisch, weil alle gleichzeitig um 7:00 Uhr das Buffet stürmen, sofern sie nicht schon zum erstmöglichen Termin in einem Bad, auf einer Massageliege oder in einem Turnsaal

---

[3] Österreichisch: humorlos

antreten müssen. Letzterer ist der unbeliebteste Ort wo man um diese frühe Stunde mit nüchternem Magen sein will!
FÜR SOLCHE FÄLLE EMPFEHLE ICH, IMMER EINE BANANE ALS EISERNE RESERVE BEREIT ZU HALTEN!
Auch beim Mittagsmahl kann es manchmal zeitlich eng zugehen, wenn Ihnen der Plan nur eine halbe Stunde zwischen zwei Therapien gewährt. Vor allem, wenn nach dem Essen ein heißes Bad oder gar wieder Sport am Programm steht, empfiehlt es sich, den Bauch nicht ganz so voll zu füllen...
Zeit für lukullischen Genuss haben Sie dann endlich am Abend. Keine Therapien mehr, die einen zu Eile zwingen oder ein Zuviel des Guten nicht verzeihen würden. Das einzige, was Ihnen jetzt den Appetit verderben könnte ist ein pingeliger „Kalorienzähler" an Ihrem Tisch, der Ihnen bei jedem Bissen vorrechnet, wie viel Sie gerade verdrücken und wie lange Sie dafür am nächsten Tag auf dem Ergometer strampeln müssen. Hören Sie am besten nicht auf solche Spaßverderber, sondern genießen Sie Ihr Essen! Wenn Sie allerdings das eine oder andere Kilo verlieren möchten, sind Sie beim peniblen Kontrolleur mit dem erhobenen Zeigefinger genau richtig, denn Sie werden kein Küchlein und keine Sahnecréme zu viel schlucken, weil der vorwurfsvolle Blick, den Sie

dabei ernten würden, Ihnen den Bissen im Hals stecken lassen könnte.

Natürlich ist eine Kur immer eine gute Möglichkeit, die eigenen Essgewohnheiten zu überdenken und vielleicht gar ein wenig zu verändern. Das einzige, was dafür nötig ist: eiserner Wille! Denn ein Buffet ist der größte Feind jeder Diät! All die wunderbar präsentierten Köstlichkeiten, die uns leise zuzurufen scheinen: „Nimm mich, iss mich!" Und dann stimmt auch noch der eigene Schweinehund mit ein, ja, der, der uns zum Essen verführt und vom Sporteln abhält: „Nur ein winzig kleiner Kuchen, nur ein Schöpflöffelchen von der paradiesischen Créme, das kann keine Sünde sein!" Und patsch, schon haben wir den süßen Leckerbissen im Dessert-Schüsselchen und wenig später im Magen, der eigentlich schon längst das Signal gegeben hat, satt zu sein. Eine Gemeinheit ist das mit der Versuchung... Ich habe meist einen Bogen um das Kuchenbuffet gemacht, aber ich muss auch ehrlicherweise gestehen, dass ich nicht der klassische „Mehlspeistiger" bin. Mein Laster ist normalerweise die Schokolade und da am liebsten die ungesündeste, die weiße... Gott sei Dank gab es die hier nicht!

Sie können sich natürlich ganz offiziell Reduktionskost verordnen lassen, oder einfach nur halbe Portionen bestellen. Dann sollten Sie

allerdings den Gang zum Buffet wirklich ganz vermeiden, um allen kulinarischen Verführungen wehrhaft bleiben zu können. Ich habe vereinzelte Abspeckwillige beobachtet, die sich im Vorbeigehen heimlich schnell ein Häppchen zu Gemüte geführt haben. „Sich selbst belügen" nennt man das, oder? Da ist es schon gescheiter man platziert die Gaumenfreude auf einem hübschen Tellerchen und genießt mit allen Sinnen! Bon Appétit!
Außer natürlich, der besagte Erbsenzähler wacht mit Argusaugen über Sie, denn der lässt Genießen einfach nicht zu...

Sozialleben

So wie die wohltuenden Therapien und genussvolles Essen gehören auch angenehme Sozialkontakte während des Aufenthalts zu einer gelungenen Kur!
Deshalb gleich ein Tipp zu Beginn:
SOLLTE IHRE TISCHGESELLSCHAFT NICHT FÜR „AUẞERORDENTLICHE" UNTERNEHMUNGEN TAUGEN, SEHEN SIE SICH BEIZEITEN NACH PASSENDEN „LEIDENSGENOSSEN" UM, DENN SOBALD SICH EINZELNE GRÜPPCHEN GEBILDET HABEN, WIRD ES SCHWIERIG, KONTAKT ZU ANDEREN ZU BEKOMMEN, AUẞER ZU DEN BEREITS ANFANGS GENANNTEN OCHSEN – ABER AUF DIE WERDEN SIE GERNE VERZICHTEN WOLLEN.
Wenn Sie ein offener, kontaktfreudiger Mensch sind, werden Sie sicher keine Schwierigkeiten haben, Anschluss zu finden. Meist kommen die „Neuen" zu gleichen Terminen an und werden an den ersten Tagen gemeinsam zu Workshops und Vorträgen eingeladen, bei denen man im Anschluss leicht ins Gespräch kommt. Aber auch auf der anfänglichen Suche nach dem richtigen Raum oder beim Warten vor und zwischen den Anwendungen ergibt sich schnell die eine oder andere Plauderei. Ich hatte das Glück, gleich am ersten Tag unter den Neuankömmlingen

ein paar Gleichgesinnte in punkto Humor zu finden. Und das bedeutete für die folgenden gemeinsamen Abende: Lachen ohne Ende! Bekanntlich ist das ja die beste Medizin!
So manch einer wandelte jedoch drei Wochen allein durch die Gegend. Vielleicht aber genossen diese „einsamen Wölfe" ja das völlige Mit-sich-Sein – fern vom nörgelnden Ehegespons? Nicht jeder ist ein Gesellschaftstier, aber wenn Sie eines sind, werden Sie auf Ihre Kosten kommen! Wie in einem kleinen Dorf begegnet man Tag für Tag den bald bekannten, gleichen Gesichtern, grüßt sich, macht einen kleinen Scherz oder bleibt für einen kurzen Plausch stehen. Wenn man nicht allein sein will, braucht man nur hinauszugehen, sich hinzusetzen und zu warten. Meist dauert es nicht lange, bis ein Gesprächspartner auftaucht, einer den Sie schon kennen oder aber jemand, den Sie zum ersten Mal sehen. Das ist das Faszinierende an so einem „Kurdorf": Man redet ganz selbstverständlich auch mit wildfremden Leuten; etwas, was man zuhause in der eigenen Stadt, im heimatlichen Ort vielleicht nie tun würde. Warum? Weil alle das gleiche Ziel, das gleiche Thema haben. Jeder will etwas für seine Gesundheit tun. Jeder hat Zeit. Keine Alltagssorgen, keine Verpflichtungen, die uns im „normalen" Leben blind für unsere Umgebung machen und die

uns in Gedanken versunken, an unseren Mitmenschen vorbeilaufen lassen. Das macht unbeschwert und zufrieden und zaubert bei vielen ein Lächeln aufs Gesicht. Und so ein Lächeln wirkt Wunder, immer, überall, auch zu Hause. Vielleicht sollten wir es uns mit heim nehmen und mal ausprobieren, wie die Frau von nebenan, die wir nur vom Sehen kennen und die nie grüßt, darauf reagiert? Können wir den grantelnden Nachbarn damit etwa einmal aus der Reserve locken? Hier am Kurgelände funktioniert es jedenfalls bestens!

Passende Gesprächsthemen schweben gleichsam über dem Kurgelände: Alle haben die gleichen anfänglichen Orientierungsschwierigkeiten und die Frage „Wo finde ich was?" geistert über den Köpfen der Neulinge, die oft verzweifelt den kleinen Lageplan drehen und wenden, den jeder gleich am ersten Tag mit ins Handgepäck bekommt. Da ist es nur naheliegend, jemanden anstelle des gewohnten Navi um die richtige Route zu fragen. Die, die sich schon im Labyrinth der unterirdischen Gänge auskennen, helfen meist ungefragt mit Wegbeschreibungen, wenn sie die suchenden Blicke der „Verirrten" sehen.

Die zweite beliebte Gesprächs-Einstiegs-Frage ist die nach der Herkunft. Auch wenn sich so mancher durch den Dialekt verrät, will man es doch genauer wissen. Aus welchem Eck von

Kärnten, Oberösterreich oder der Steiermark? Und schon ist die Plauderei im Gange. Zuhause, wo alle im Umkreis wohnen, würde dieselbe Frage nach den geografischen Wurzeln wahrscheinlich eher befremdlich aufgenommen werden.

Während der Kur unter Gleichgesinnten ist vieles unkomplizierter als im heimatlichen Alltag. Und doch sollten Sie die Konversationsthemen mit Bedacht auswählen, denn es taugt nicht jeder Gedanke dazu, auch ausgesprochen zu werden!

Deshalb an dieser Stelle abschließend noch eine kleine Auswahl an Gesprächsthemen, die Sie besser vermeiden sollten und solche, die Sie gefahrlos anschneiden können:

S<small>PRECHEN</small> S<small>IE MIT</small> I<small>HREN</small> K<small>URKOLLEGEN BESSER</small> <u>NICHT</u> <small>ÜBER FOLGENDE</small> P<small>UNKTE</small>:

- Religion, für den Fall, dass Sie selbst sehr religiös sind und der andere Atheist ist – oder umgekehrt.

- Politik, außer Sie wissen, dass Ihr Diskussionspartner mit der gleichen Partei sympathisiert.

- Die Flüchtlingsproblematik, denn die Gemüter können sich dabei sehr schnell erhitzen… Dann hilft Ihnen nämlich selbst nur Flüchten!

UNPROBLEMATISCHE THEMEN HINGEGEN SIND:
- Das Wetter. Es sorgt jeden Tag aufs Neue für belanglosen Gesprächsstoff.
- Das Essen. Allerdings nicht ganz unbedenklich, wenn ein passionierter „Fleischfresser" und ein überzeugter Veganer aufeinander treffen.
- Die Therapien. Der beste Einstieg, wenn Sie mit jemandem völlig gefahrlos ins Gespräch kommen möchten.

Nun möchte ich Ihnen im folgenden Kapitel noch einen ganz speziellen Fall zum Thema Sozialleben während des Aufenthalts näherbringen:
Den berühmt-berüchtigten „Kurschatten".

Kurschatten

„Der Begriff Kurschatten bezeichnet eine Person, zu der während einer Kur ein enger Kontakt – meist von einem anderen Kurgast – aufgebaut wird. Er impliziert Erotik, die entstehende Beziehung kann aber auch platonisch bleiben." Quelle: wikipedia

„Der Kurschatten hat Einsamen den Aufenthalt versüßt, er ist Grund für Witze, er hat Ehen gestiftet, aber auch zerstört", heißt es wiederum im Flyer des Kur-Stadt-Apothekenmuseums von Bad Schwalbach im deutschen Hessen. Der dazu erschienene Katalog gibt einen Einblick in die Sittengeschichte des Kur- und Bäderwesens ab dem 14. Jahrhundert und beleuchtet vor allem die Beziehungen zwischen Kurgästen in späteren Epochen.

Was ist dran an der Mär vom legendären Kurschatten? Hier will ich für Sie ein wenig in meinem eigenen und im Erfahrungsschatz meiner Kurkollegen und -kolleginnen graben. Verstehen Sie mich bitte nicht falsch, ich hatte <u>keinen</u> Kurschatten! Meine Erfahrung bezieht sich nur darauf, dass ich einen hätte haben können, hätte ich nur wollen ;-) Ich wollte nicht. Und trotzdem, oder gar deshalb hat mir zumindest éin Mann – ja richtig, ein Ochse –

eine Zeitlang den Hof gemacht. Aber alles der Reihe nach.

Ankunft, erster Abend, Fühler ausstrecken. Eine nette Dame, die ich schon zu Mittag beim ankunftsobligaten Wiegen und Messen vor dem Pflegestützpunkt getroffen hatte, wusste auch nicht so recht, was sie mit dem angebrochenen Abend anfangen sollte. Und so kamen wir ins Gespräch und setzten uns auf ein Glas Bier in die Cafeteria. Wir blieben nicht lange zu zweit, denn zwei ziemlich alte Herren hatten sofort ihre (offenbar defekten) Antennen ausgefahren, die Lage sondiert und anscheinend befunden, bei uns könnten sie landen. Nun, gelandet im wörtlichen Sinn sind sie auch, denn wir „Mädels" wollten beide nicht unhöflich sein und ließen die betagten männlichen Wesen an unserem Tisch Platz nehmen. Natürlich ergibt sich in so einer Situation ein wenig Smalltalk. Es dauerte auch nicht lange bis der Kellner neben unsere kleinen Biertulpen jeweils ein überdimensionales Rotweinglas stellte. Na Prost! Mein Gegenüber grinste mich währenddessen schon die ganze Zeit mit zwei falschen Zahnreihen breit an, aber ich kann Ihnen sagen, er kam mit Sicherheit nicht gerade vom Hydrojet! Sie wissen schon, die wunderbare, zuvor beschriebene Massageliege, die als Nebenwirkung schweben lässt und ein Lächeln ins Gesicht zaubert. Es war nicht diese Art von Lächeln… Naiver Weise und immer erst an das Gute im Menschen glaubend, deutete ich das freudige Gesicht jedoch als Zeichen von Dankbarkeit, denn der arme Greis war extrem schwerhörig und in meinen Augen nur heilfroh, dass sich endlich jemand mit ihm unterhielt.

Später, genauer gesagt am nächsten Nachmittag, wurde mir allerdings der Grund der breiten Grimasse ein wenig klarer: Es klopfte an meiner Zimmertür. „Na wer mag das denn sein? Putzfrau? – Nicht um diese Zeit. Marlene, die lustige Steirerin, die gleichzeitig mit mir angekommen ist? – Hat gerade Therapie. Vielleicht Renate, meine gestrige Abendgesellschaft?" schwirren ein paar mögliche Besucher gedanklich durch meinen Kopf.

Es war tatsächlich meine Abendgesellschaft vom Vortag, aber nicht Renate, ganz im Gegenteil – der alte Mann und sein Grinsen standen vor meiner Tür.

„Das darf doch wohl nicht wahr sein" schlug es in meinem Denkzentrum Alarm. „Woher weiß der überhaupt meine Zimmernummer?".

Er glotzte mich durch den schmal geöffneten Türspalt an. „Fährst du mit in den Ort auf ein Eis?" grinste er erwartungsvoll und ohne Umschweife.

„Nein, danke, ich esse kein Eis" antwortete ich noch völlig verdattert und drückte die Tür schnell wieder zu. „Was war das jetzt? Was glaubt denn der? Mich hier so überfallsartig zu überrumpeln! Könnte altersmäßig locker mein Vater sein!" schoss es mir durch den Kopf. Dass ich nur mit T-Shirt und Unterhose bekleidet war, machte die Situation nicht gerade angenehmer... Ich ärgerte mich auch noch ein wenig über meine Reaktion, dass mir meine gute Erziehung so viel Höflichkeit für den ungebetenen Besucher abgerungen hatte. Hätte ich ihm doch gleich klipp und klar meine Meinung gesagt, er solle mich gefälligst nicht in meinem Zimmer aufsuchen! Aber dazu sollte ich noch die Gelegenheit bekommen...

Ich ging wieder zur Tagesordnung über und verschwendete vorerst keinen Gedanken mehr an die Sache. Bis zum nächsten Nachmittag...

Kurz nach meiner letzten Therapie, ich lag entspannt und – den sommerlichen Temperaturen entsprechend – leichtbekleidet am Bett, klopfte es erneut an meiner Tür.

Das gleiche Spielchen wie am Vortag. Diesmal wollte mich der alte Haudegen mit Kaffee und Kuchen locken! Bilder von Rotkäppchen und dem bösen Wolf tanzten gedanklich vor meinen Augen... Ich lehnte abermals dankend, doch nun ein wenig bestimmter und lauter ab. Ich erklärte ihm, dass ich weder für Eis oder Kaffee noch sonst irgendetwas mit ihm in den Ort fahren möchte. Punkt. Nein es war schon

eher ein Rufzeichen, das ich hier ans Ende meines Satzes setzte! Er nickte, glaube ich. Vielleicht ließ er auch einfach nur enttäuscht den Kopf hängen. So genau kann ich es im Nachhinein nicht mehr sagen, denn ich schloss auch diesmal wieder rasch die Tür. Das wird wohl deutlich genug gewesen sein, um ihn vor weiterer Anmache abzuhalten!
Am nächsten Morgen, als ich vom Frühstück in mein Zimmer kam, stand ein kleines Blumentöpfchen auf meinem Balkontisch.
„Ach, das ist aber nett, das Personal stellt uns hier Blümchen hin", dachte ich mir und blickte nach links und dann nach rechts auf die nachbarlichen Balkönchen. Ich konnte dort allerdings keinerlei floralen Schmuck erspähen.
Mir schwante Böses…
Aber ich fragte zur Sicherheit die Putzdame und dann meinen Nachbarn, ob einer von beiden etwas darüber wüsste oder damit zu tun hätte. Nein, wie ich's mir schon gedacht hatte…
Meine dichtgedrängten Therapietermine an diesem Tag ließen mich vorübergehend die Sache wieder vergessen.
Nach einem Moorbad am Nachmittag legte ich mich ein wenig zum Nachruhen aufs Bett und da das Wetter warm und schön war, ließ ich die Balkontür offen stehen. Ich war wohl eingenickt. Plötzlich wurde ich aber von einem

quietschenden Geräusch geweckt. Was war das? Ich traute meinen Augen kaum, als ich im Fensterglas das Spiegelbild des alten Mannes erkannte! Der musste tatsächlich zwei Balkontrennwände weggeschoben haben, um mir höchstpersönlich ein frisches Blumengesteck auf den Tisch zu stellen! Da ich nackt am Bett lag, konnte ich ihm nicht gleich an die Kehle springen! Ich schluckte also meine Wut über diese unglaubliche Verletzung meiner Privatsphäre erstmal hinunter. Wieder bekleidet, schnappte ich mir das Blumenpräsent und stürmte damit in den Speisesaal, wo der „Rosenkavalier" schon an seinem Platz saß. Jetzt war Schluss mit freundlich, der Mann brauchte offenbar noch deutlicher Klartext! Und den bekam er! Ich gab ihm unmissverständlich zu verstehen, dass er sich seine Blumen sonst wo hinstecken sollte und ich ihn nie, aber wirklich nie nie wieder auf meinem Balkon erwischen wolle! Die beiden grinsenden Zahnreihen verschwanden, endlich hatte er es begriffen!
Die nächsten Tage verliefen ruhig, man grüßte sich und ich versuchte, ihm so gut wie möglich aus dem Weg zu gehen, was natürlich nicht ganz so einfach ist, wenn der Ochse nur zwei Zimmer weiter wohnt… Aber ich hatte nun zumindest meine Ruhe, meinen Balkon für mich allein und keine Blumen mehr am Tisch.

Wenn Sie also an einem Kurschatten nicht interessiert sind, sollten vor allem die Damen die Umgangsregeln im nachfolgenden Kapitel – in erster Linie im Kontakt mit „Ochsen" – ein wenig beachten!

Falls Ihnen aber der Sinn nach einem amourösen tête-à-tête stehen sollte, greifen Sie zu, meine Damen ;-) So viele potenzielle Seitenspringer werden Sie wahrscheinlich nie mehr auf einem Fleck finden... Natürlich bin ich jetzt mit meinem Zynismus wieder ungerecht, denn nicht nur bereits vergebene Exemplare begeben sich hier auf die Pirsch. Nein, es gibt selbstverständlich auch die Einsamen, die sich erhoffen mögen, während des dreiwöchigen Aufenthalts die Liebe ihres Lebens zu finden. Und das soll tatsächlich schon vorgekommen sein! Warum auch nicht?
Eine meiner Tischnachbarinnen hat vor neun Jahren von ihrer ersten Kur den Mann ihrer Träume als Souvenir mit nach Hause gebracht. Sie gehörten zwar beide nicht zu der einsamen Sorte von der ich sprach, aber immerhin hat sich das Chaos, das sie in ihren damals bestehenden Beziehungen damit angerichtet haben, ausgezahlt, denn sie leben immer noch glücklich und zufrieden beisammen.

Ich habe jedoch auch andere Fälle beobachtet, die nicht ganz so froh und heiter ausgegangen sind. Da gab es zum Beispiel den „Draufgänger", dem der Schelm schon aus den Augen lachte und der jeder Frau weismachte, ein Kurschatten gehöre einfach dazu. Er hatte klarerweise bereits seine Eroberung gemacht: eine zarte Kleine mit treuherzigen Augen, auf die niemand zuhause wartete. Auf ihn hingegen eine Frau und drei Kinder... Das Ende war vorhersehbar: ein Tal der Tränen für die verlassene Geliebte, während er in den Schoß der Familie zurückkehrte und die arme treue Seele wahrscheinlich wie eine Sternschnuppe verblassen ließ.

Man sollte sich also gut überlegen, ob man sich auf einen liierten Kurschatten einlässt, denn was wiegt schon ein dreiwöchiger Liebeshimmel, wenn darauf möglicherweise wochenlanger Katzenjammer folgt?

Umgang mit Ochsen

Wie schon im vorhergehenden Kapitel meines Ratgebers versprochen, möchte ich vor allem meinen Leser<u>innen</u> jetzt noch einen kurzen, überlebensnotwendigen Verhaltenscodex gegenüber männlichen Hornträgern mit ins Kur-Gepäck geben ;-)

1. Nicht anlächeln, Ochsen könnten das sofort als Aufforderung zu massivem Balzverhalten sehen!

2. Augenkontakt am besten ganz vermeiden und wenn nötig: „Böser Blick"! Andernfalls könnten die „Behörnten" es als Aufforderung zu massivem Balzverhalten deuten!

3. Freundlichkeiten generell nur sehr niedrig dosiert einsetzen; Ochsen könnten dies sonst falsch verstehen, nämlich als Aufforderung zu massivem Balzverhalten!

4. Wenn Sie eine simple Frage haben, wenden Sie sich an eine Frau oder, wenn gerade nicht vorhanden, an einen normalen Mann – ein Ochse könnte Ihre „Hilflosigkeit" missverstehen als Aufforderung zu... Sie wissen schon.

5. Sollte Ihnen einmal trotz all dieser Vorsichtsmaßnahmen ein Ochse zu nahe

treten, sprechen Sie Klartext, bevor er auf Ihrem Balkon auftaucht ;-)

Sie sehen schon, meine Damen, als Frau ist man in so einer Anstalt vielen Gefahren ausgeliefert... Nein, das ist nicht korrekt, eigentlich nur einer Gefahr – den massiven Annäherungsversuchen der Männer, pardon, der Ochsen.

Meine lieben männlichen Leser, falls ich Ihnen jetzt den Eindruck vermittelt habe, es laufen hier nur Ochsen herum, so verzeihen Sie mir meine teilweise ein wenig überzogenen Schilderungen. Ich habe während meines Aufenthalts auch sehr viele nette Herren kennengelernt, die eine Frau nicht gleich als Freiwild betrachtet haben!

Abschied

Ja, „scheiden tut weh", haben schon viele Dichter der Romantik behauptet. Und sie hatten recht damit. Und das gilt nicht nur für die unglücklichen Kurschatten, die mit Liebeskummer nach Hause zurückkehren…
Wenn Ihnen die Kur gut getan hat und Sie nette Kontakte geschlossen haben, aus denen sich gar Freundschaften entwickeln könnten, werden Sie, so wie ich etwa, mit einem lachenden und einem weinenden Auge nach Hause fahren. Natürlich ist die Freude auf Familie und Heimat groß. Aber man darf schon auch ein bisschen wehmütig sein, dass die schöne Zeit vorüber ist und man die dreiwöchige Gesellschaft der Menschen verabschieden muss, die einem doch ein wenig ans Herz gewachsen sind.

Da werden noch Gruppenfotos gemacht, Telefonnummern und Adressen ausgetauscht und man versichert einander, dass man sich bald wieder hören und treffen wird. Bei einigen weiß man insgeheim, dass das nur leere Floskeln sind und man wird sie schnell als flüchtige Erinnerung im Fotoalbum der Gedanken ablegen.

Andere aber werden vielleicht länger haften bleiben, man schreibt sich noch ein paar Mal, schickt Fotos hin und her und trifft sich gar im

„ganz normalen Leben" wieder, wenn die geografische Entfernung nicht allzu weit ist. Was wir aus den Bekanntschaften machen, hängt letztendlich ganz von uns selbst ab. Es wird sich zeigen, ob im Alltag Zeit für diese neu gewonnenen Freunde bleibt oder uns die täglichen Verpflichtungen gleich wieder einfangen und uns keinen Raum dafür lassen.

Denn eines steht für mich eindeutig fest: Ich hatte nie in meinem Leben so viel Zeit für mich selbst wie während dieser drei entspannenden Wochen! Und mich von dieser Muße zu verabschieden, fällt mir mindestens genauso schwer, wie von einigen Menschen wieder loslassen zu müssen!

Die Zeit danach

Jetzt kommt es ganz auf Sie selbst an, was Sie aus den Erfahrungen und dem Gelernten auf der Kur machen. Wenn Sie, so wie ich, zu den Glücklichen gehören, die nicht gleich am nächsten Tag wieder zur Arbeit müssen, lassen Sie alles ein wenig nachwirken. Versuchen Sie, die Entspannung so lange wie möglich beizubehalten. Ich bemerkte während meines Aufenthalts schon eine herrliche Gelassenheit an mir, die ich unbedingt mit in den Alltag nehmen möchte! Ich hoffe, es wird mir gelingen! Außerdem habe ich mir ganz fest selbst versprochen, täglich oder jeden zweiten Tag, na sagen wir mindestens drei Mal die Woche, Sport zu treiben. Bis jetzt halte ich mich ganz gut daran, ich muss allerdings gestehen, ich bin erst seit zwei Wochen wieder zu Hause ;-) Nein, Spaß beiseite, ich habe im Vergleich zu so manchem Couch-Potatoe immer schon relativ viel Bewegung in meinen Tagesablauf integriert. Jetzt will ich einfach keine Ausreden, wie „es regnet", „es ist zu heiß", „es ist zu kalt", „es ist zu windig" oder Ähnliches mehr zulassen. Und der innere Schweinehund sei gewarnt! Dem werde ich nämlich eine auf die Schnauze geben, wenn er mich wieder einmal zum Faulsein verführen will!

Ein klitzekleines Hindernis werden dennoch für viele unter uns die mangelnden Zeitressourcen sein, mit denen wir auf der Kur nicht zu kämpfen hatten. Dort war Zeit für Entspannung und Sport, wann immer wir therapiefreie Pausen in unserem Plan fanden. Und die gab es zumindest bei mir zur Genüge. Zuhause liegt der Fall natürlich anders: Beruf, Familie, „das bisschen" Haushalt, Kontakte wollen gepflegt werden und das eine oder andere Hobby jenseits von Sport möchte etwa auch noch ausgeübt werden. Wann also soll da noch Zeit für Ausdauertraining und Kraftübungen bleiben? Ich sage Ihnen gleich, von selbst wird am Ende eines anstrengenden Tages keine Minute dafür übrig sein!

Deshalb an dieser Stelle ein paar Tipps dazu, die die Durchführung und vor allem das Durchhalten möglicherweise erleichtern:

- Planen Sie Ihre Bewegungseinheiten in Ihrem Terminkalender ein und lassen Sie sie nur in absoluten Notfällen ausfallen!

- Sehen Sie diese als ein Date mit sich selbst, als Zeit nur für Sie und Ihre Gesundheit!

- Planen Sie dabei realistisch, denn wenn Sie schon in der ersten Woche scheitern, weil Ihre Sport-Termine unmöglich einzuhalten waren, wird das auch in der zweiten Woche nicht anders werden...

- Verabreden Sie sich mit Freunden statt zum gewohnten Kaffeekränzchen zu einer wöchentlichen Walking-Runde!
- Haben Sie die Möglichkeit, anstelle von Bus oder Auto das Fahrrad für den Weg zur Arbeit zu verwenden? Gratuliere! Für ein paar Minuten mehr am Heimweg, haben Sie Ihre tägliche Sporteinheit schon absolviert.
- Und nun mein letzter „kluger" Rat, der sicher einigen unbequem sein wird – mir selbst ging es nicht anders: Überdenken Sie einmal ehrlich, wie viel Zeit Sie Tag für Tag vor dem allseits geliebten Fernsehapparat sitzen! Wenn Sie sich jetzt nicht selbst belügen, werden Sie zugeben müssen, dass auch die Ausrede „Ich habe keine Zeit für Sport" nicht durchgehen wird ;-)
Sofern Sie auf Ihre eine oder andere Lieblingssendung aber doch nicht verzichten möchten, setzen Sie sich statt auf den bequemen Fernsehsessel einfach auf den Ergometer und schlagen Sie so zwei Fliegen mit einer Klappe!

Sie wollen jetzt nicht länger auf diese „Klugscheißerin" hören?

Müssen Sie auch nicht, Sie sollten vielmehr auf sich selbst hören, in sich hineinspüren, was Ihnen ganz persönlich gut tut. Denn das kann nicht für jeden Menschen das Gleiche sein. Finden Sie es heraus und leben Sie wohl mit Vernunft und Genuss!

In diesem Sinne wünsche ich Ihnen einen gelungenen Kuraufenthalt und eine erfolgreiche Zeit danach!